Männer!

2. Auflage 2011
© 2009 Lappan Verlag GmbH
Postfach 3407 · D-26024 Oldenburg
www.lappan.de · info@lappan.de

Lektorat: Peter Baumann

Gesamtherstellung:
Offizin Andersen Nexö, Leipzig
Printed in Germany

ISBN 978-3-8303-3209-1

Der Lappan Verlag ist ein Unternehmen der
Verlagsgruppe Ueberreuter, Wien.

Heinz Erhardt

Männer!

mit Bildern von Gerhard Glück

Lappan

Affig

Was uns vom Affen unterscheidet
ist nur der Fakt, dass man sich kleidet.
Warum man sonst Textilien macht,
das hat noch keiner rausgebracht.

Wenns Publikum zu lachen liebt,
lachts oft, wo's nichts zu lachen gibt.
Warum es jetzt zum Beispiel lacht,
das hat noch keiner rausgebracht.

PS
Eitle Männer sind wie Kleiderständer,
an denen nichts hängt.

Der Präsident auf dem Weg zu seinem überaus populären Novemberbad in der Menge.

Eine Beobachtung

Herren, die allein, aber dafür zur späten
Stunde, eine Bar oder so was betreten,
reiten meist ein und dieselbe Masche:
Eine Hand steckt in der Hosentasche!

Ist das nun einfach Verlegenheit
oder ein Akt von Verwegenheit?
Wissen sie nicht »mit den Händen, wohin«
oder solls heißen »seht her, wer ich bin«?!

Möglich ist auch: Diese Herren von Welt
zähl'n noch mal heimlich ihr Taschengeld.
…

7 Nighthawks

Gegen einen geringen Aufpreis wacht Security-Mann Albert seit gestern auch über die Träume von Ute und Rudi Grunzmann.

Die Polizei im Wandel der Zeiten

Solange wir Menschen auf Erden leben,
hat es schon immer Polizei gegeben!

Es ist ja bekannt, dass der erste Polizist
der Erzengel Gabriel gewesen ist.
Er hat uns, so steht es im Buche geschrieben,
eines Apfels wegen aus dem Paradiese vertrieben.
Seitdem fühlt die Polizei – grad bei Kleinigkeiten –
sich bemüßigt, gar strenge einzuschreiten!

Schon im alten Rom – so vor 2000 Jahren –
wurde manchmal etwas zu schnell gefahren,
also wars klar, dass der uniformierte
Beamte sich erst mal die Nummer notierte.
Dann drohte er mit erhobenem Finger
und sagte: »Na, Sie machen ja schöne Dinger!«
Hierbei bediente er sich, wie alle Einwohner Roms,
natürlich des lateinischen Idioms.   ▷

Die Jahrhunderte waren dahingegangen
und das 20. hatte angefangen!
Es wuchs die Bildung, der Schnurrbart, die
                              [Gartenlaube,
es wuchs aber auch die Pickelhaube!
Es hagelte Schimpfe und Strafmandate:
Die Polizei war ein richtiger Staat im Staate!
Und die Bürger sagten zwischen Weinen und Lachen:
»Nee, mit *dem* Staat ist kein Staat zu machen!«

Das 2. und 3. Reich waren zerronnen!
Es war alles verloren – nur *eines* gewonnen,
nämlich die Überzeugung: Es muss hier auf Erden
alles – auch die Polizei muss anders werden!
Sie hat sich entbartet, sie hat sich entpickelt,
sie hat sich zum Freunde und Helfer entwickelt!
Hilft freundschaftlich tragen des Bürgers Last:
Sie fasst nicht mehr *fest* – sie fässt nur noch *fast!!*
Sie drückt oft ein Auge zu bei kleinen Vergehn,
von den vielen Ausnahmen natürlich abgesehn!

Kreuz und quer

Es sprach der junge Rittersmann:
»Was fang ich bloß zu Hause an?
Knapp, packe Sack und Kisten!
Wir ziehen an das Kriegsgewand
und ziehen aus ins Morgenland
im Namen aller Christen!«

Gesagt, getan! Sowohl der Knapp
als auch der Ritter reisten ab.
Sie reisten und sie reisten!
Sie trafen Regen, Sturm und Blitz;
jedoch im Morgenland die Hitz,
die störte sie am meisten!

Die trugen stolz der Rüstung Zier
und auch den Helm mit dem Visier,
obwohl sie transpirierten.
Und stand die Sonne im Zenit,
dann sangen sie ein frommes Lied –
das half, wenn sie marschierten! ▷

Sie schlugen trotz der Übermacht
des Feindes ihn in einer Nacht
mit Mann und Ross und Wagen!
Es starb so mancher Heidenhund
im heißen Wüstensand aufgrund
der Kirche sozusagen.

Nach siebzehn Monden zogen dann
der Knappe und der Rittersmann
mit Sack und Pack und Kisten
heim ins gelobte Abendland
und zogen aus das Kriegsgewand
und wurden wieder Christen!

Don Quichotte und Sancho Pansa

Ein Ostergedicht

Wer ahnte, dass zum Weihnachtsfest
Cornelia mich sitzenlässt?

Das war noch nichts: Zu Ostern jetzt
hat sie mich abermals versetzt!

Nun freu ich mich auf Pfingsten –
nicht im Geringsten!

Damenwahl

Von A bis E

Herr Afeu frug Herrn Befeu:
»Wo bleibt denn bloß Herr Cefeu?«
Da sprach Herr Befeu: »Cefeu?
Der sitzt mit Fräulein Defeu
dort unten hinterm Efeu!«

Herr Turf glaubte, die Efeuranke sei eine diskrete Liebeserklärung von Kollegin Birmel, aber jetzt weiß er, die will bloß ans Licht!

Dichter

Es soll manchen Dichter geben,
der muss dichten, um zu leben.
Ist das immer so? Mitnichten,
manche leben, um zu dichten.

Dichter mit Leihpegasus

Aphorismen

Ein Faulpelz ist ein Mensch, der nichts so gerne tut – wie nichts.

Besser eine Stumme im Bett als eine Taube auf dem Dach.

Ein Menschenfresser, der mit Messer und Gabel isst, hat deshalb noch lange keine guten Manieren.

Wer den Schaden hat, spottet jeder Beschreibung.

Immer dasselbe, die Spieler kennen einfach die Regeln nicht!

Fußball 1

Ein Lateiner sagte einmal: »Wer die Waden hat, braucht für den Sport nicht zu sorgen!« Womit zweifelsfrei bewiesen ist, dass man schon in alten Zeiten dem Fußballspiel gefrönt hat.

Glücklicherweise gibt es heute nur wenige, die für diese Sportart nichts übrig haben. Sie stehen abseits – und gerade das ist beim Fußball streng verboten! Man muss immer am Ball bleiben, immer hinter ihm herrasen. Deshalb zählt man den Fußballsport auch zu den Rasenspielen.

Aber wenn dieses schöne Spiel auch Fußball heißt, so darf man es nicht nur mit dem Fuß, sondern muss es auch mit dem Kopf spielen. Leider ist in der Regel diese Regel wenig bekannt, und wir wollen nur hoffen, dass bei unseren nächsten Länderspielen dieser vernachlässigte Körperteil wieder zu seinem Recht kommt.

Fußball 2

Vierundvierzig Beine rasen
durch die Gegend ohne Ziel,
und weil sie so rasen müssen,
nennt man das ein Rasenspiel.

Rechts und links stehn zwei Gestelle,
je ein Spieler steht davor.
Hält den Ball er, ist ein Held er,
hält er nicht, schreit man: »Du Toooor!«

Fußball spielt man meistens immer
mit der unteren Figur.
Mit dem Kopf, obwohls erlaubt ist,
spielt man ihn ganz selten nur.

»Foul!«

Das Schloss

Papst Paul war gestorben vor vierhundert Jahren
und ist dann, wie üblich, gen Himmel gefahren.
Und als er dort oben gut angekommen,
da hat er den güldenen Schlüssel genommen.
Es ist ja bekannt, dass früher und itzt
jeder Papst einen Schlüssel zum Himmel besitzt.

Doch siehe, der Schlüssel, der wollte nicht passen.
Der Petrus hat trotzdem ihn eintreten lassen
und sprach (sein Antlitz war bartumrändert):
»Der Luther hat nämlich das Schloss verändert …!«

Robert fände das Jenseits stinklangweilig, wenn nicht der Heilige Geist ihm ab und zu aus der Hand fressen würde.

Erich Rollmopser demonstriert seiner Frau, wie schrecklich manche Tiefseefische aussehen.

Der Fischer

(Frei nach Johann Sebastian Goethe)

Das Meer ist angefüllt mit Wasser
und unten ists besonders tief,
am Strande dieses Meeres saß er,
d.h., er lag, weil er ja schlief.
Und nun noch mal: Am Meere saß er,
d.h., er lag, weil er ja schlief,
und in dem Meer war sehr viel Wasser
und unten wars besonders tief.

Da plötzlich teilten sich die Fluten,
und eine Jungfrau kam herfür,
auf einer Flöte tat sie tuten,
das war kein schöner Zug von ihr.
Dem Fischer ging ihr Lied zu Herzen,
obwohl sie falsche Töne pfoff – – –
man sah ihn in das Wasser sterzen,
dann ging er unter und ersoff.

Der Muselmann

Es war einmal ein Muselmann,
der trank sich einen Dusel an,
wann immer er nur kunnt.
Er rief dann stets das Muselweib,
wo es denn mit dem Fusel bleib,
denn Durst ist nicht gesund.
Und brachte sie die Pulle rein,
gefüllt mit süßem Muselwein,

    dann trank er

    und trank er,

    hin sank er

    als Kranker,

    bis Gott sei Dank er

unterm Tische verschwund.

»Wie hoch, sagten Sie, 4478 Meter? Sofort bauen lassen! Aber 500 Meter höher!«

Beethovens Totenmaske

Durch die Glastür zum Alkoven
scheint der Mond mit weißem Licht.
Ausgerechnet dem Beethoven
scheint er mitten ins Gesicht.
Nicht einmal sein Aug beschatten
kann der große Komponist.

Hilflos ist man und verraten,
wenn man mal gestorben ist.

»Und nun Ludwig van Beethovens Sinfonie Nr. 3 in Es-Dur, die ›Eroica‹, gespielt von den New Yorker Philharmonikern …«

Der Geiger

Unterm Arm die Violine,
auf dem Haupte Brillantine,
so besteigt mit ernster Miene
er die kunstverseuchte Bühne.
Mit den Haaren von dem Pferde
streicht er, weit entrückt der Erde,
voll Gefühl und Herzenswärme
über straff gespannte Därme.
Und der Lauscher dieser Handlung
denkt, infolge innrer Wandlung,
an die Pfoten grauer Katzen:
Auch ein Geiger kann gut kratzen!

Paul Schluder war mal wieder wesentlich früher fertig als das restliche Orchester.

Gescheiterter Flugversuch

Ein Pianist spielt Liszt

O eminenter Tastenhengst,
der du der Töne Schlachten lenkst
und sie mit jeder Hand für sich
zum Siege führst, dich preise ich!

Du bist ein gottgesandter Streiter,
ein Heros, ein Akkordarbeiter.
Im Schweiße deiner flinken Finger
drückst du auf jene langen Dinger,
die man gewöhnlich Tasten nennt,
und die, grad wie beim Schach, getrennt
in Schwarz und Weiß ihr Dasein fristen,
als Requisit des Pianisten.
Doch nicht nur deiner Finger Schwielen
brauchst du zum Greifen und zum Spielen,
nein, was man meistens gar nicht glaubt:
Du brauchst dazu sogar dein Haupt!
Mal fällts, als ob du schlafen musst,
auf deine stark erregte Brust,

▷

mal fällts mit furchtbar irrem Blick,
so weit es irgend geht, zurück,
und kommst du gänzlich in Ekstase,
hängt dir ein Tropfen an der Nase.
Und hast du endlich ausgerast,
sagt sich der Hörer: Liszt – not Last*!

O eminenter Tastenhengst,
der du der Töne Schlachten lenkst
und sie mit jeder Hand für sich
zum Siege führst, dich preise ich!
Und jeder Hörer merkt alsbald:
Du siegst mit Liszt, nicht mit Gewalt!

*   *James Last (geb. 1929) prägte mit seinem Orchester
    den Happy Sound der Sechzigerjahre.*

Ein mytho-unlogisches Gespräch

A. Ich habe bei mir zu Hause ein Aktfoto hängen. Drunter steht »Die Ledige mit dem Schwein«. Kennen Sie das?

B. Sie meinen sicher »Die Leda mit dem Schwan«?

A. Ach ja, richtig! Ein Schwan kommt auch drauf vor! Und wer ist diese »Leda«?

B. Leda war die Mutter der »schönen Helena«.

A. Wieso »war«? Ist sie tot?

B. Aber natürlich!

A. Erzählen Sie mir doch mal was von der Familie!

B. Also das war so! Eines Tages schiffte sich Menelaus, der Gatte der Helena, nach Kreta ein.

A. Und Helena blieb zu Hause?

B. Ja, in ihrem Schlafgemach. In der Mitte stand ein großes Ruhebett und links der Armleuchter.

A. Ich denke, Menelaus war weg?

B. Nein, ein wirklicher Armleuchter stand da. – Und plötzlich wurde ihr Páris gemeldet!

A. Ach, der mit dem Apfel?

B. Bravo, woher wissen Sie denn das?

A. Na, Páris war doch der, der auf dem Berge Aida der Schönsten mit der Armbrust einen Apfel vom Kopf schoss! ▷

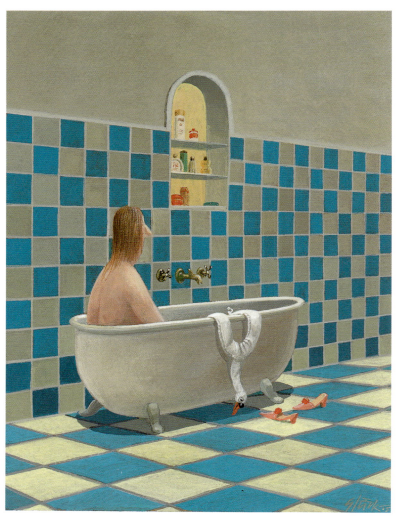

Leda Brenner musste feststellen, dass ein Gummischwan einen äußerst geringen Unterhaltungswert hat.

B. Das verwechseln Sie leider mit Wilhelm Tell – aber
immerhin! Außerdem hieß der Berg Ida! – Na schön!
Páris beschloss, Helena mit List zu erobern.

A. Ach, Klavier spielen konnte er auch?

B. Das weiß ich nicht! Jedenfalls aber
nahm er sie mit nach Troja.

A. Ach so ja.

B. Und wissen Sie, wodurch Troja berühmt geworden ist?

A. Durch die Trojabohnen!

B. Nein, durch den Trojanischen Krieg! Die einstmals
so stolze Stadt wurde völlig zerstört – und heute
ist die Fläche, auf der sie stand, eben!

A. Eben!

Es kam ganz anders!

Der Apfelschuss

Der Landvogt Geßler sprach zum Tell:
»Du weißt, ich mache nicht viel Worte!
Hier, nimm einmal die Tüte schnell,
sind Äpfel drin von bester Sorte!
Leg einen auf des Sohnes Haupt,
versuch, ihn mit dem Pfeil zu spalten!
Gelingt es dir, seis dir erlaubt,
des Apfels Hälften zu behalten!«

Der Vater tat, wie man ihn hieß,
und Leid umwölkte seine Stirne,
der Knabe aber rief: »Komm, schieß
mir schnell den Apfel von der Birne!«

Der Pfeil traf tödlich – – einen Wurm,
der in dem Apfel wohnte …
Erst war es still, dann brach ein Sturm
des Jubels los, der 'n Schützen lohnte!
Man rief: »Ein Hoch dir, Willi Tell!
Jetzt gehn wir einen trinken, gell?«

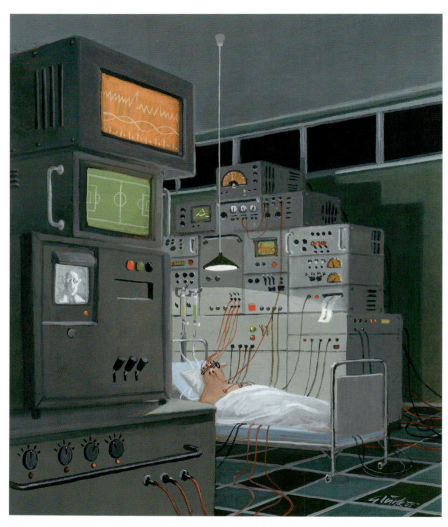

Eigentlich litt Prof. Wurzel nur an einem geprellten Hühnerauge, aber als Privatpatient.

Der Mathematiker

Es war sehr kalt, der Winter dräute,
da trat – und außerdem wars glatt –
Professor Wurzel aus dem Hause,
weil er was einzukaufen hat.

Kaum tat er seine ersten Schritte,
als ihn das Gleichgewicht verließ,
er rutschte aus und fiel und brach sich
die Beine und noch das und dies.

Jetzt liegt er nun, völlig gebrochen,
im Krankenhaus in Gips und spricht:
»Ich rechnete schon oft mit Brüchen,
mit solchen Brüchen aber nicht!«

PS
Bei glatter Straße muss man sechzehn geben –
doppelt acht.

Chor der Müllabfuhr

Kommt! Lasset von Tonne zu Tonne uns eilen!
Wir wollen dem Müll eine Abfuhr erteilen!

Auf! Machen wir, dass jede Tonne sich leere!
Wir sind dazu da, denn wir sind Müllionäre!
    Müllirallala, Müllirallala!

Welch ein Herbst!

Internationaler Humorkongress

Witzbolde

Es gibt eine Sorte von Menschen –
von zwanzig sinds wohl mehr als zehn! –
die fragen dich, wenn sie dich treffen
(egal, wo es ist): »Kennen Sie den?«

Und dann erzählen sie Witze,
Witze am laufenden Band,
die einen, die sind nicht zum Lachen,
die anderen sind dir bekannt.

Die besten davon sind politisch,
die meisten aber obszön.
Du windest dich höflich und stammelst:
»Wie lustig! Wie köstlich! Wie schön!«

Laut lachend verschwinden die Bolde,
stolz über ihren Humor –
dabei besitzen sie keinen:
Es kommt ihnen nur so vor.

Jungparlamentarier Hügli hatte keine Ahnung, wie entspannt die Kollegen auf seine erste Rede warten würden.

Der Wahlredner

Wenn er das Rednerpult betritt
mit kühner Stirn und weitem Schritt,
zieht er zunächst gekonnt kokett
das Manuskript aus dem Jackett
und fängt gleich an, draus vorzulesen,
was ist, was wird und was gewesen.

Doch langsam wird der Redner kleiner,
denn er entdeckt – und nicht erst heute:
vor ihm sitzen zwar viele Leute,
doch hinter ihm – steht keiner …

Schule

Die Schule ist, das weiß man ja,
in erster Linie dazu da,
den Guten wie den Bösewichtern
den Lehrstoff quasi einzutrichtern;
allein – so ists nun mal hienieden:
Die Geistesgaben sind verschieden.

Mit Löffeln, ja sogar mit Gabeln
frisst *Kai* die englischen Vokabeln;
Karl-Heinz hat aber erst nach Stunden
die Wurzel aus der Vier gefunden.

Und doch! *Karl-Heinz* als »dumm« verschrien,
wird Chef – und man bewundert ihn,
und *Kai,* in Uniform gezwängt,
steht an der Drehtür und empfängt
und braucht in Englisch höchstens dies:
»Good morning, Sir!«, und manchmal: »Please!«

Hieraus ersieht der Dümmste klar,
dass der, der »dümmer«, klüger war!

»Regt euch nicht auf! Unser Lehrer sagt immer,
dass wir in einer wertelosen Gesellschaft leben.«

Ein Genie ist ein Mann,
dem es wenigstens ein einziges Mal gelingt,
eine Frau davon zu überzeugen,
dass sie Unrecht hat.

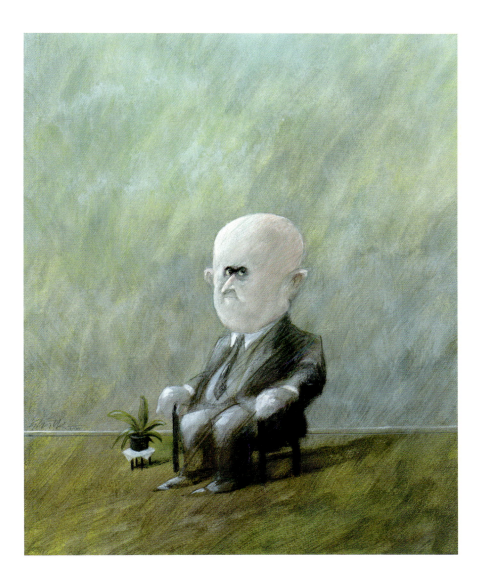

Ein Traum

Ich schlaf nicht gern auf weichen Daunen;
denn statt des Märchenwaldes Raunen
hör ich im Traume all die kleinen
gerupften Gänschen bitter weinen.
Sie kommen an mein Bett und stöhnen
und klappern frierend mit den Zähnen,
und dieses Klappern klingt so schaurig …
Wenn ich erwache, bin ich traurig.

PS
Der schläft gut, der nicht weiß,
wie schlecht er schläft.

Schwarzfahrer Hartmut M. versucht es diesmal als »Traumreisender«.

Ferien auf dem Lande

(Ich kam mit meinem Auto an
und Koffern, sechs bis sieben.
Der Motor ging total entzwei,
so musst zuletzt ich schieben.)

Ich wohn in einem Bauernhaus.
Die Milch ist frisch und sahnig.
Die Störchin auf dem Scheunendach,
sie schäkert mit dem Kranich.
Die Kuh macht »muh« – der Ochse auch,
sind schwer zu unterscheiden,
erst wenn man melken will, merkt man
den Unterschied der beiden.
Die Bauersfrau ist jung und schön.
Ich bin bei ihr der Kranich.
Ein Ochse ist ihr Herr Gemahl. –

(Zurück fahr mit der Bahn ich!)

»Sie leben mit freilaufenden Hennen auf einem Bauernhof? Dann sind Sie vergnügungssteuerpflichtig!«

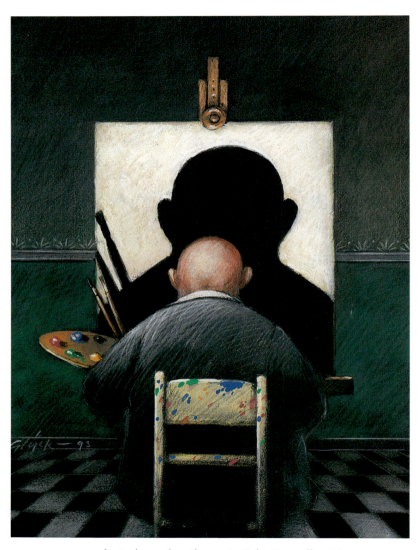

»… und wieder nahm ihm sein Schatten allen Mut.«

Ausgefallenes

Man hat ganz oben auf dem Kopfe
viel tausend Poren, dicht bei dicht.
Und nun – das ist das Wunderbare:
Aus diesen Poren wachsen Haare!!!
Oder auch nicht.

PS
Das mittlere Alter ist da,
wenn der Haarschnitt
allmählich in Naturschutz übergeht.

PPS
Solange es Haare gibt,
liegen sich die Menschen in denselben.

Fritz Tigermann musste feststellen, dass die Magie seines alten T-Shirts allmählich verblasste!

Glück bei Fraun

Ich hatte großes Glück bei Fraun
Ja – mir gefiel fast jede.
Man sieht hieraus, wie alt ich bin,
weil ich gern darüber rede.

Ganz zuletzt

O wär ich
der Kästner Erich!
Auch wäre ich gern
Christian Morgenstern!
Und hätte ich nur *einen* Satz
vom Ringelnatz!
Doch nichts davon! – Zu aller Not
hab ich auch nichts von Busch und Roth!
Drum bleib ich, wenn es mir auch schwer ward,
nur der Heinz Erhardt …